Michael Heinen-Anders
Die Inkarnation Ahrimans im Westen

Herstellung und Verlag: BoD - Books on Demand, Norderstedt

ISBN 9783751958226

Inhaltsverzeichnis

Die Inkarnation Ahrimans im Westen

Eine **Inkarnation Ahrimans** wird laut Rudolf Steiner im 3. Jahrtausend im Westen stattfinden.

„Geradeso wie es eine Inkarnation Luzifers im Beginn des 3. vorchristlichen Jahrtausends (in China) gegeben hat, wie es die Christus-Inkarnation gegeben hat zur Zeit des Mysteriums von Golgatha, so wird es einige Zeit nach unserem jetzigen Erdendasein, etwa auch im 3. nachchristlichen Jahrtausend, eine westliche Inkarnation des Wesens Ahriman geben." (Lit.:GA 193, S. 165)

Weitere Ausführungen Steiners

Nach einer Bemerkung Rudolf Steiners wäre der "rechtmässige" Zeitpunkt einer solchen **Inkarnation Ahrimans** das Jahr 2664[1]. Ahriman wird aber alles daran setzten um sich ggf. auch schon früher inkarnieren zu können. Als eine kritische Phase galt das Jahr 1998. Nach einer persönlichen Mitteilung von Hermann Keimeyer, hat es Ahriman aber nicht geschafft bereits 1998 zu inkarnieren. Auch 2012 scheidet nach Hermann Keimeyer, im Gegensatz zu der Angabe von Robert Powell in seinem Buch "Christus und der Mayakalender" (Lit.: S. 172) als Jahr der kommenden **Inkarnation Ahrimans** aus[2].

Die Impulse, welche die Inkarnation Ahrimans vorbereiten und mit Beginn des 21. Jahrhunderts noch stärker geworden sind, dürfen nicht übersehen werden. Rudolf Steiner nennt u. a. das vorherrschende mechanistisch-

---

[1] Bernard Lievegoed: *Das Gute tun*. Ankommen im 21. Jahrhundert, Vlg. Freies Geistesleben, Stuttgart 2012, S. 29, s. a. Anmerkung
[2] www.hermannkeimeyer.de

mathematische Denken in den Wissenschaften, das einseitige Streben nach materiellem Wohlstand, den zunehmenden Nationalismus, das Kleben an verschiedensten Parteimeinungen und eine einseitige Auffassung der Evangelien, die das Verständnis für das wahre Christentum verhindern. Wie wir später noch sehen werden, spielt hierbei das Internet eine gewaltige Rolle.

„Am günstigsten würde es ja zweifellos für Ahriman sein, wenn er es dahin brächte, daß die weitaus größte Anzahl der Menschen keine Ahnung hätte von dem, was eigentlich zur Begünstigung seines Daseins hinführen könnte; wenn die weitaus größte Anzahl von Menschen so dahinleben würde, daß diese Vorbereitungen für die Ahrimaninkarnation abliefen, aber die Menschen sie für etwas Fortschrittliches, Gutes, der Menschheitsentwickelung

Angemessenes hielten. Wenn sich gewissermaßen Ahriman in eine schlafende Menschheit hereinschleichen könnte, dann würde ihm das am allerangenehmsten sein. Deshalb müssen diejenigen Ereignisse aufgezeigt werden, in denen Ahriman arbeitet für seine künftige Inkarnation.

Sehen Sie, eine derjenigen Entwickelungstatsachen, in denen, ich möchte sagen, deutlich zu vernehmen ist der Impuls des Ahriman, das ist die Verbreitung des Glaubens unter der Menschheit, daß man durch jene mechanisch-mathematische Erfassung des Weltenalls, welche durch den Galileismus, Kopernikanismus und so weiter gekommen ist, wirklich verstehen könne dasjenige, was da draußen im Kosmos sich abspielt. Deshalb muß ja so streng von anthroposophisch orientierter Geisteswissenschaft betont werden, daß man Geist und Seele suchen muß im Kosmos, nicht bloß dasjenige, was der Galileismus, der Kopernikanismus suchen als Mathematik, Mechanik, wie wenn die Welt eine große Maschine wäre. Es würde eine Verführung durch Ahriman sein, wenn die Menschen stehenbleiben dabei, nur die Umlaufzeiten der Gestirne zu berechnen, nur Astrophysik zu studieren, um hinter die stofflichen Zusammensetzungen der Himmelskörper zu kommen, worauf die Menschen heute so stolz sind. Aber es würde schlimm sein, wenn nicht entgegengehalten würde diesem Galileismus, diesem Kopernikanismus dasjenige, was man wissen kann über die Durchseelung des Kosmos, über die Durchgeistigung des Kosmos. Das ist es, was Ahriman aber zugunsten seiner irdischen Inkarnation ganz besonders vermeiden möchte. Er möchte gewissermaßen die Menschen so stark in der Dumpfheit erhalten, daß sie nur das Mathematische der Astronomie begreifen. Daher verführt er viele Menschen dazu, ihre bekannte Abneigung gegen das Wissen vom Geist und der Seele des Weltenalls geltend zu machen. Aber das ist nur eine von den verführerischen Kräften, die gewissermaßen Ahriman in die Seele der Menschen hineingießt.

Eine andere von diesen verführerischen Kräften des Ahriman - er arbeitet, möchte ich sagen, in entsprechender Weise mit den Luziferkräften zusammen - hängt ja natürlich für seine Inkarnation zusammen mit dem Bestreben, unter den Menschen nach Möglichkeit die bereits sehr verbreitete Stimmung zu erhalten, daß es für das öffentliche Leben genügt, wenn dafür gesorgt wird, daß die Menschen wirtschaftlich zufriedengestellt werden. Man berührt dabei einen Punkt, den der moderne Mensch oftmals nicht gern zugibt. Sehen Sie, für eine wirkliche Erkenntnis des Geistes und der Seele bietet ja eigentlich die heutige offizielle

Wissenschaft gar nichts mehr; denn die Methoden, welche man in den heutigen öffentlichen Wissenschaften hat, taugen nur dazu, die äußere Natur, auch vom Menschen nur die äußere Natur aufzufassen. Aber denken Sie sich nur, wie verächtlich eigentlich so ein Durchschnittsbürger der Gegenwart hinblickt auf alles dasjenige, was ihm idealistisch vorkommt, was ihm wie ein Weg, auf irgendeine Art wie ein Weg ins Geistige hinein vorkommt! Er fragt doch im Grunde genommen immer wiederum: Ja, was bringt das ein? Was trägt das für irdische Güter? - Er läßt seine Söhne im Gymnasium ausbilden, ist vielleicht selber im Gymnasium oder in einer anderen Anstalt ausgebildet, er läßt sie an einer Universität oder an einer anderen Hochschule ausbilden. Allein, all das dient eigentlich nur dazu, um die Grundlagen für einen Beruf abzugeben, das heißt, um im Leben die materiellen Güter zu schaffen, die sie ernähren." (Lit.:GA 191, S. 199ff)

„Eine andere Strömung in unserem jetzigen Leben, die Ahriman benötigt, um seine eigene Inkarnation zu befördern, das ist diejenige, die heute so deutlich hervortritt in dem sogenannten nationalen Prinzip. Alles dasjenige, was die Menschen spalten kann in Menschengruppen, was sie entfernt von dem gegenseitigen Verständnis über die Erde hin, was sie auseinanderbringt, das fördert zu gleicher Zeit Ahrimans Impulse. Und man sollte eigentlich Ahrimans Stimme entnehmen aus dem, was heute so vielfach als ein neues Ideal über die Erde hin gesprochen wird: Befreiung der Völker, selbst der kleinsten, und so weiter. Die Zeiten sind vorüber, in denen das Blut entscheidet. Und konserviert man ein solches Altes, dann fördert man dasjenige, was Ahriman gefördert haben will.

Ebenso fördert man dasjenige, was Ahriman gefördert haben will, wenn man dasjenige nicht energisch zurückweist, was ich ja hier schon öfter charakterisiert habe, indem ich Ihnen gezeigt habe: Heute gibt es Menschen mit den verschiedensten Parteimeinungen und Parteilebensauffassungen. Man kann davon die eine so gut beweisen wie die andere. Sie können ebensogut beweisen dasjenige, was irgendeine sozialistische Partei vertritt, wie das, was eine antisozialistische Partei vertritt, mit gleich guten Gründen, die dann die Menschen in Anspruch nehmen. Werden die Menschen nicht einsehen, daß diese Beweisart so weit an der Oberfläche des Daseins liegt, daß man eben das Nein und das Ja zugleich beweisen kann mit unserer gegenwärtigen Intelligenz, die für die Naturwissenschaft sehr brauchbar ist, die aber für eine andere Erkenntnis unbrauchbar ist, werden die Menschen nicht einsehen, daß diese Intelligenz, die unserer Wissenschaft so große Dienste leistet, an der Oberfläche liegt, dann werden sie diese Intelligenz anwenden auf dasjenige, was soziales Leben ist, auf dasjenige, was geistiges Leben ist. Dann werden sie das Entgegengesetzte beweisen, der eine dieses, der andere jenes, die eine Gruppe dieses, die andere Gruppe jenes; und da man beides beweisen kann, so werden die Menschen übergehen zu Haß und Erbitterung, die wir ja genügend in unserer Zeit finden. Das alles sind wiederum Dinge, die Ahriman fördern will zur Förderung seiner eigenen Erdeninkarnation.

Und was ganz besonders Ahriman dienen wird zur Förderung seiner Erdeninkarnation, das ist die einseitige Auffassung des Evangeliums selbst. Sie wissen ja, wie nötig geworden ist in unserer Zeit die Vertiefung der Evangelien im geisteswissenschaftlichen Sinne. Sie wissen aber auch, wie sehr heute noch die Gesinnung über die Erde hin verbreitet ist, man solle die Evangelien nicht geistig vertiefen, man solle sich nicht darauf einlassen, dies oder jenes aus einer wirklichen Erkenntnis des Geistes, des Kosmos über die Evangelien zu sagen. «Schlicht hinnehmen» solle man die Evangelien, so sie hinnehmen, wie sie sich heute den Menschen darbieten. Ich will gar nicht davon sprechen, daß sich die wahren Evangelien gar nicht darbieten; denn das, was heute die Menschen aus den Ursprachen als Übersetzungen der Evangelien haben, sind nicht die Evangelien. Aber darauf will ich gar nicht eingehen; sondern ich will nur die tieferliegende Tatsache vor Sie hinstellen, die darin besteht, daß man nicht zu einer wirklichen Christus-Auffassung kommen kann, wenn man sich nur, wie es die meisten Bekenntnisse und Sekten heute wollen, schlicht, das heißt bequem, in die Evangelien hineinfinden will. Man ist in der Zeit, als das Mysterium von Golgatha sich abgespielt hat, und einige Jahrhunderte nachher, zu einer Auffassung des realen Christus gekommen, weil man dasjenige, was überliefert war, fassen konnte mit Hilfe der heidnisch-luziferischen Weisheit. Diese heidnisch-luziferische Weisheit ist zurückgegangen, und dasjenige, was heute die Menschen aus Bekenntnissen und Sekten heraus in den Evangelien finden, das führt sie nicht zum realen Christus, den wir suchen durch unsere Geisteswissenschaft, sondern das führt sie nur zu einer Illusion oder höchstens zu einer Halluzination, zu einer seelischen oder vergeistigten Halluzination von dem Christus." (S. 202)

Besonders förderlich für das Wirken Ahrimans ist auch das in den Bibliotheken und neuerdings vermehrt im <u>Internet</u> aufgespeicherte *tote* <u>Wissen</u>:

„Diese «<u>Konservenbüchsen   der Weisheit</u>», das ist dasjenige, was besonders ein gutes Förderungsmittel für Ahriman ist." (<u>S. 208</u>)

Es gibt neuerdings zu dieser Inkarnation Ahrimans eine interessante und weiterführende These:

„Wolfgang Weirauch: Immer wieder wird davon gesprochen - auch durch Rudolf Steiner - dass Ahriman sich jetzt oder demnächst in der westlichen Welt in einem Menschen inkarnieren wird. Wie siehst du das? Der Große: Er ist schon längst im Physischen inkorporiert, nicht aber in einem Menschen. Er hat sich einen physischen Leib geschaffen; das ist aber kein Mensch. Er tritt in etwas ganz anderem heutzutage auf, und zwar im Internet! Seine Welt ist die der Server, der verbundenen Kabel und Funkverbindungen. Das alles ist

Ahriman live. Das hat er lange vorbereitet und ist in den letzten Jahrzehnten damit sehr erfolgreich geworden...Er kommt nicht in einem Menschenleib auf die Erde, denn durch das Internet hat er es erreicht, sehr viel direkter zu sehr viel mehr Menschen kommen zu können. Über das Internet hat er die meisten Menschen zumindest teilweise im Griff. Über das Internet kann er sehr viel mehr Menschen persönlich erreichen, als wenn er in einem Menschen aufgetreten wäre...Die Verbindung mit dem Internet ist eine Art Inkarnation, wenn auch nicht in einem physischen menschlichen Leib.

Das Internet ist - zumindest teilweise - eine Maschinerie des Hasses...Schau dir die unzähligen Haßkommentare im Internet an, die Enthemmung von immer mehr Menschen, die sich dort anonym ausbreiten, die Gewalt, die im Internet zur Schau getragen wird - und alles ist deswegen so leicht möglich, weil es nicht mehr von Angesicht zu Angesicht erfolgen muß, sondern meist anonym stattfindet. Trotzdem hat das Internet auch seine hellen Seiten, denn auch die helle Seite der geistigen Welt bemüht sich in bezug auf das Internet." (<u>Lit.</u>: Flensburger Hefte 136, "Liebe und Hass", S. 36 ff. "Der Große" ist ein geistiges Wesen aus den Reihen der Erzengel-Hierarchien. Über das Zustandekommen dieser Gespräche siehe: FH 80 und FH 107)

Literatur:

- Rudolf Steiner: *Soziales Verständnis aus geisteswissenschaftlicher Erkenntnis*, GA 191 (1989), ISBN 3-7274-1910-5

- Rudolf Steiner: *Der innere Aspekt des sozialen Rätsels - Luziferische Vergangenheit und ahrimanische Zukunft* (GA 193), Dornach 1989, Vortrag vom 27.10.1919, S. 165
- Rudolf Steiner: *<<Ahriman>> kommt!*, Archiati Vlg., München 2004
- Rudolf Steiner: *Die Vorträge über Ahrimans Inkarnation im Westen*, kommentiert und herausgegeben von Thomas Meyer, Perseus Vlg., Basel 2016
- Hans-Werner Schroeder: *Das Jahrhundertende und die Inkarnation Ahrimans im nächsten Jahrtausend*, in: Ahriman - Profil einer Weltmacht, Urachhaus Verlag, Stuttgart 1996, S. 11 - 20
- B. C. J. Lievegoed: *Dem einundzwanzigsten Jahrhundert entgegen*. Acht Vorträge, gehalten in Spring Valley 1965, Info3-Verlag, Frankfurt a.M. 1988, S. 16, s. a. Anmerkung 1

(Neuauflage) Bernard Lievegoed: *Das Gute tun*. Ankommen im 21. Jahrhundert, Vlg. Freies Geistesleben, Stuttgart 2012, S. 29, s. a. Anmerkung

* Robert Powell: *Christus und der Mayakalender. 2012 und das Erscheinen des Antichrist*, Informationslücke-Verlag, Basel 2009, S. 172

* Flensburger Hefte 136, "Liebe und Hass", Flensburger Hefte Vlg., Flensburg 2017, S. 36 ff.

Autobiographische Notiz:

Michael Heinen-Anders wurde am 25.02.1960 in Köln geboren. Er studierte an der Bergischen Universität Wuppertal Wirtschafts- und Sozialwissenschaften.
1989 schloss er das Studium als Diplom-Ökonom ab.
Michael Heinen-Anders trat 1994 der Anthroposophischen Gesellschaft, Zweig Köln, bei.
Seit 2012 ist er gleichfalls Mitglied der Freien Hochschule für Geisteswissenschaft.
Er veröffentlichte zahlreiche literarische, essayistische und wissenschaftliche Schriften, darunter „Aus anthroposophischen Zusammenhängen", BoD, Norderstedt 2010 und „Aus anthroposophischen Zusammenhängen Band II", BoD, Norderstedt 2018.
Michael Heinen-Anders lebt in Köln, ist geschieden und hat zwei erwachsene Töchter.